BEI GRIN MACHT SICH IHR WISSEN BEZAHLT

Kundenbindung und psychologische Erklärungsansätze im Dienstleistungsmarketing im Gesundheitsbereich

Kristina Baklin

Bibliografische Information der Deutschen Nationalbibliothek:

Die Deutsche Nationalbibliothek verzeichnet diese Publikation in der Deutschen Nationalbibliografie; detaillierte bibliografische Daten sind im Internet über http://dnb.d-nb.de abrufbar.

ISBN: 9783346680969
Dieses Buch ist auch als E-Book erhältlich.

© GRIN Publishing GmbH
Nymphenburger Straße 86
80636 München

Druck und Bindung: Books on Demand GmbH, Norderstedt Germany
Gedruckt auf säurefreiem Papier aus verantwortungsvollen Quellen

Das Buch bei GRIN: https://www.grin.com/document/1245829

SRH Fernhochschule Riedlingen - The Mobile University

Modulfach: Dienstleistungen und Service Management

Einsendeaufgabe

Alternative D

vorgelegt von:

Kristina Baklin

Semester: 2.

Studiengang: Sportmanagement (B.A.)

Inhaltsverzeichnis

Abkürzungsverzeichnis

bspw .... *beispielsweise*

Dipl.-Kfm ....*Diplom-Kaufmann*

Dr ....*Doktor*

Prof .... *Professor*

S. .... *Seite*

S-O-R- Modell .... *Stimulus-Organismus-Reaktions-Schema*

SWOT ....*Strength, Weaknesses, Opportunities, Threats*

Univ. .... *Universität*

usw .... *und so weiter*

Vgl. .... *Vergleich*

z.B. ....*zum Beispiel*

Abbildungsverzeichnis

Tabellenverzeichnis

Anlagenverzeichnis

Glossar

Begriff	Definition
Dienstleistungsmarketing	Das marktorientierte Konzept verfolgt die Analyse von Nachfrage und Angebot am Markt und die Dienstleistungserstellung nach Kundenbedürfnissen.[1]
Dissonanz	Ungleichgewicht[2]
Latzug-Maschine	Ein Fitnesstrainingsgerät, das die Muskulatur des Rückens, der Schultern sowie der Arme trainiert.
Mengen-, Preis- und Kostenkomponente	Die Mengenkomponente umfasst die Umsatzsteigerung durch erhöhte Kundenbindung. Die Preiskomponente führt zu einer Umsatzsteigerung, indem bei den gebundenen Kunden eine höhere Preisbereitschaft generiert wird. Kostenkomponenten zeigen auf, dass es durch Lerneffekte zwischen dem Kunden und dem Kontaktpersonal langfristig zur Senkung der Kundenbetreuungskosten kommt.[3]
Mund-zu-Mund-Kommunikation	Es ist die zweckorientierte Übermittlung von unternehmensspezifischen Informationen durch Kunden zur Beeinflussung von Einstellungen der Adressaten.[4]
S-O-R-Schema (*Stimulus-Organismus-Reaktions-Schema*)	Ein Verhaltensschema: der auf den Organismus wirkenden Stimulus („S"), die beobachteten Reaktionen („R") und die intervenierenden Variablen zum Organismus („O")[5]

---

[1] Vgl. *Manfred Bruhn* (2012), S. 7-8
[2] Vgl. *Dipl.-Kfm. Andreas Bareiß* (2014), S. 23
[3] Vgl. *Manfred Bruhn* (2012), S.106
[4] Vgl. *Manfred Bruhn* (2012), S.106
[5] Vgl. *Dipl.-Kfm. Andreas Bareiß* (2014), S.20

1. Aufgabe D1

1.1 Kundenbindung im Dienstleistungsmarketing

In diesem Kapitel soll die Bedeutung der Kundenbindung im Dienstleistungsmarketing untersucht werden. Hierzu werden Beispiele aus der Fitnessbranche dargestellt. Eine besondere Bedeutung der Kundenbindung liegt in ihren vielfältigen Einflüssen auf die ökonomischen Erfolgsgrößen. Diese lassen sich in eine Mengen-, Preis- und Kostenkomponente einteilen. Durch eine positive Kundenbeziehung erfolgt bei der eine Umsatzsteigerung im Zeitverlauf, eine höhere Preisbereitschaft sowie eine Reduzierung der Kosten.[6] Am Beispiel an einem Fitnessstudio sieht es folglich so aus: Eine Umsatzsteigerung kann sich bspw. ergeben, wenn ein Kunde anderen potenziellen Kunden das Fitnessstudio weiterempfiehlt (Mund-zu-Mund-Kommunikation), die sich (im Idealfall) mit einem Mitgliedsvertrag anmelden. Je mehr Neukunden eine Mitgliedschaft im Fitnessstudio abschließen, desto höher beträgt letztendlich der Umsatz. Eine höhere Preisbereitschaft ist nur möglich, wenn der Kunde im Austausch eine gleichwertige Angebotsleistung erhält.[7] Ein Kunde hat z.B. in einem Fitnessstudio einen Vertrag abgeschlossen, in dem nur die Nutzung der Trainingsgeräte beinhaltet ist. Nach einem Jahr möchte jener auch Kurse besuchen. Hierfür muss der Kunde einen neuen Vertrag mit einem höheren Monatsbeitrag abschließen. Ist der Kunde bereit einen höheren Preis zu bezahlen, darf dieser neben der Gerätenutzung auch die Kurse besuchen. Kostenkomponenten wie Betreuungskosten können bei langjährigen Kunden eines Fitnessstudios sinken, da sie im Zeitverlauf einen sicheren Umgang mit den Trainingsgeräten erlernen und weniger auf die fachliche Trainingsbetreuung angewiesen sind. Gleichzeitig wird der Einsatz von Fachpersonal reduziert, wodurch wieder Kosten eingespart werden.

Nach Bruhn und Meffert kann die Kundenbindung in Gebundenheit und Verbundenheit aufgeteilt werden. Gebundenheit bezeichnet einen Bindungszustand, der für einen

---

[6] Vgl. Manfred Bruhn (2012), S.107

[7] Vgl. Dipl.-Kfm. Andreas Bareiß (2014), S.25

bestimmten Zeitraum fixiert ist. Verbundenheit hingegen führt auf einen Bindungszustand mit psychologischem Hintergrund zurück.[8] Die Gebundenheit trifft man z.B. in einem Fitnessstudio durch geschlossene Mitgliedsverträge. Neukunden haben bspw. die Möglichkeit sich zwischen einem 12- Monats oder einem 24- Monatsvertrag zu entscheiden. Wie auch immer sich der Kunde entscheidet, für den ausgewählten Zeitraum ist er an die Fitnessdienstleistung vertraglich gebunden. Die Verbundenheit hingegen deutet auf ein gewisses Vertrauen vom Kunden zur Dienstleistung hin.[9] Üblicherweise handelt es sich hier um einen freiwilligen Bindungszustand.[10] In der Fitnessbranche kann eine solche Verbundenheit auftreten, wenn ein langjähriger Kunde mit den gebotenen Leistungen nicht nur vertraut ist, sondern auch mit ihr zufrieden ist. Das heißt, wird ein Leistungsversprechen auch nach der Vertragsschließung eingehalten, führt dies mit höherer Wahrscheinlichkeit zu einem verbundenen Kunden.[11] Ein Bindungsfaktor kann ein vielfältiges Leistungsangebot sein, dass den Großteil der Kundenbedürfnisse stillt.

Ein weiteres wichtiges Kriterium der Kundenbindung wäre die Kundenzufriedenheit.[12] Die Kundenzufriedenheit lässt sich in zwei Teildimensionen unterteilten. Zum einen die Kundenbetreuung und zum anderen der Kundenservice. Die Kundenbetreuung in Fitnessstudios umfasst unter anderem die Unterstützung beim Training, das Korrigieren von Trainingsfehlern sowie das Motivieren der trainierenden Kunden (usw.). Eine Kundenbetreuung unterstützt quasi den Kunden bei seiner persönlichen Zielerreichung. Unter dem Kundenservice hingegen werden alle benötigten Maßnahmen verstanden, die die Nutzung der angebotenen Leistungen erleichtern.[13] In vielen Fitnessstudios z.B. werden die Trainingsgeräte regelmäßig gewartet, um ein angenehmes Trainingserlebnis ohne technische Defizite zu ermöglichen. Bei einer adäquaten Kundenbetreuung steigt nicht nur die Kundenzufriedenheit an, sondern auch die Intensität der Kundenbindung.

---

[8] Vgl. *Manfred Bruhn* (2012), S.180-181

[9] Vgl. *Manfred Bruhn* (2012), S.17

[10] Vgl. *Hempel* (2010), S.28

[11] Vgl. *Univ.-Prof. Dr. Seidenberg* (2013), S.21

[12] Vgl. *Döring* (2017), S. 84-85

[13] Vgl. *Helmut Geyer* (2017), S.86

Stimmt die Qualität der Angebotsleistungen mit den Kundenbedürfnissen zum Großteil überein, ist der Kunde bereit, sich an das jeweilige Fitnessstudio zu binden. [14]

1.2 Kundenbindung in Fitnessstudios im Rahmen des strategischen und operativen Dienstleistungsmarketing

In diesem Kapitel wird im Rahmen des strategischen und operativen Dienstleistungsmarketing die Kundenbindung in Fitnessstudios analysiert. Das strategische Dienstleistungsmarketing arbeitet mit Informationen aus der Marktforschung, um strategische Entscheidungen vorzubereiten. Die detaillierte Ausarbeitung der strategischen Analysekonzepte ist im Anhang ab der Seite 26 zu finden. Eine Strategie des Dienstleistungsmarketings stellt die Marktteilnehmerstrategie dar. Sie wird auf der Entscheidung der Marktfeldstrategie aufgebaut und legt fest, welche marktteilnehmerübergreifende Marktbearbeitung vorzunehmen ist und wie sich der Dienstleistungsanbieter innerhalb der Strategie gegenüber den übrigen Akteuren am Markt verhält. Es existieren vier Marktteilnehmerstrategien, eines davon ist die Kundenstrategie.[15] Im Rahmen der Arbeit liegt der Fokus auf der Kundenbindungsstrategie. Die Kundenstrategie teilt sich in die Kundenakquisitionsstrategie, die Kundenbindungsstrategie und die Kundenrückgewinnungsstrategie. Diese ist eher in Märkten mit starkem Verdrängungswettbewerb zu beobachten. Es wird das Ziel verfolgt, stabile und auf Vertrauen basierende Kundenbeziehungen aufzubauen. Bei diesem Strategietyp ist der Kundenwert von großer Bedeutung. Wie schon in Kapitel 1.1 erwähnt, haben hierbei die Gebundenheit und die Verbundenheit eine besondere Rolle:[16]

[14]Vgl. *Patrick Schlenz* (2005), S.131

[15] Vgl. *Dipl.-Kfm. Andreas Bareiß* (2014), S.67

[16] Vgl. *Manfred Bruhn* (2012), S.180

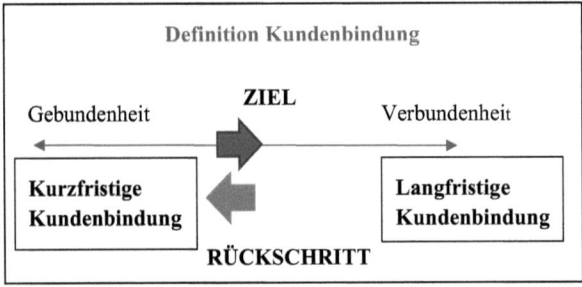

Abbildung 1: Definition Kundenbindung

(Quelle: Eigene Darstellung)

Der Prozess der Kundenbindung ist sozusagen der Kern der Kundenstrategie. In der Kundenakquisitionsphase, die sogenannte Anfangsphase einer Kundenbindung, werden Neukunden zunächst von den Unternehmen durch Leistungsangebote angelockt bzw. angeworben.[17] In der nächsten Phase wird die vorhandene Kundenbindung stabilisiert. Sie verfolgt Ziele wie die Steigerung der Profitabilität, die Steigerung des „Share of Customer/Share of Wallet, die Förderung der Weiterempfehlung sowie die Ausnutzung von Cross-Selling-Potenzialen. Schwerpunkt ist nicht nur die Identifikation der Zielgruppe, sondern auch der Aufbau der Vertrauensebene Kunden-Unternehmen-Beziehung. Ein besonderer Stellenwert hat hierbei der Kundenwert.[18] In der Fitnessbranche bspw. liegt der Fokus seit Jahren auf der Gewinnung neuer Mitglieder. Oft wird der Kunde an das Fitnessstudio vertraglich angebunden, jedoch wird eine langfristige Verbundenheit der Kunden kaum angestrebt. Untersuchungen belegen, dass sich lediglich 58 Prozent der Mitglieder kommerzieller Sportanbieter auf lange Sicht diesem Sport verbunden fühlen.[19] Damit sich Kunden einem Fitnessstudio verbunden fühlen, müssen somit die Kundenbedürfnisse bedeckt werden. Hier gilt insbesondere die Kundenbetreuung im Training sowie die persönliche Leistungserbringung am Kunden wie z.B. die regelmäßige Erneuerung des Trainingsplans. Die klassischen Maßnahmen zur Kundenbindung entstammen der Direkt- und der Dialogkommunikation und zielen

---

[17] Vgl. *Dipl.-Kfm. Andreas Bareiß* (2014), S.68

[18] Vgl. *Dipl.-Kfm. Andreas Bareiß* (2014), S.180

[19] Vgl. *Heinze, Römmelt, & Daumann* (2011), S.2

darauf ab, das Wissen, die Emotion und das Handeln der Kunden zu beeinflussen.[20] Im Falle eines Kundenverlustes wird die Kundenrückgewinnungsstrategie eingesetzt. Mit deren Hilfe wird bspw. eine schlechte Mund-zu-Mund-Kommunikation verhindert. Generell wird hier eine gezielte Kundengruppe angesprochen, durch die auch der Umsatz gesichert werden kann.[21]

Nun folgt die Untersuchung im operativen Dienstleistungsmarketing. Das operative Dienstleistungsmarketing setzt die vorgestellten Marketingstrategien sowie unter Einbeziehung von Ergebnissen aus der Marktforschung um. Hier werden Marketinginstrumente ausgewählt, die als das klassische Marketingmix für Sachgüter bezeichnet werden: Leistungspolitik, Kommunikationspolitik, Distributionspolitik und Preispolitik.[22] Für den Themenschwerpunkt Kundenbindung wird die Kommunikationspolitik im Folgenden illustriert. Die anderen Marketinginstrumente sind im Anhang ab der Seite 33 aufgefasst. Die Kommunikationspolitik eines Dienstleistungsunternehmens ist die Gesamtheit der Kommunikationsinstrumente und - maßnahmen, die eingesetzt werden, um das Unternehmen und seine Leistungen den relevanten Zielgruppen der Kommunikation darzustellen und/oder mit den Anspruchsgruppen eines Unternehmens in Interaktion zu treten.[23] Eine Besonderheit der Kommunikationspolitik bildet die Integration des externen Faktors. Hierunter fließen Implikationen wie die Stärkung der Kunden-Mitarbeiter-Kommunikation, die Ausnutzung der Cross-Selling-Potenzialen, Hinweise auf die Nachfragesteuerung, ein effizientes Beschwerdemanagement sowie die Kundenanregung zur Weiterempfehlung.[24] Die Kommunikation stellt ein wichtiges Instrument beim Aufbau der Kundenbindung dar. Vor allem in der Fitnessbranche ist sie bspw. für einen Mitgliedsvertragsabschluss entscheidend. Hierbei werden unterschiedliche Kommunikationsformen angewendet. Grundsätzlich gibt es die direkte und die indirekte Kommunikation. Die direkte Kommunikation findet dann statt, wenn direkter Informationsaustausch zwischen zwei Parteien stattfindet wie z.B. zwischen einem Mitarbeiter mit dem Kunden. Die indirekte Kommunikation findet eher auf der passiven

---

[20] Vgl. *Bittner-Fesseler & Häfelinger* (2018), S.82

[21] Vgl. *Dipl.-Kfm. Andreas Bareiß* (2014), S.68

[22] Vgl. *Dipl.-Kfm. Andreas Bareiß* (2014), S.77

[23] Vgl. *Manfred Bruhn* (2012), S.312

[24] Vgl. *Manfred Bruhn* (2012), S.310

Ebene statt. Zum Beispiel kommt eine Kunde das erste Mal in ein Fitnessstudio. Bevor ihn ein Mitarbeiter anspricht, hat der Kunde die Möglichkeit sich umzuschauen und den ersten Eindruck vom Unternehmen zu erhalten. Eine erweiterte Form ist die integrierte Kommunikation. Hierunter wird kurzgesagt ein strategisch optimierter Prozess der Analyse, Planung, Umsetzung und Kontrolle verstanden. Es wird versucht, aus der internen und externen Kommunikation eine Einheit zu bilden. Es verfolgt unter anderem das Ziel der strategischen Positionierung des Unternehmens sowie das Beeinflussen des Entscheidungsverhaltens der Zielgruppen. Im Rahmen der Kommunikationspolitik liegt der Fokus auf den psychologischen Kommunikationszielen.[25] Diese werden in kognitive, affektive und konative Zielsetzungen unterschieden:

Kognitive Ziele	Affektive Ziele	Konative Ziele
-Aufmerksamkeit und Wahrnehmung des Unternehmens und dessen Marken, Produkte und Dienstleistungen -Kenntnis von Marken, Leistungen und Produkten des Unternehmens (Bekanntheit, Namenskenntnis, Problemlösungskenntnis) -Verbesserung des Informationsstandes ..	-Interesse an Produkten und Leistungsangeboten -Einstellung zu Marken, Produkten und Unternehmen -Aufbau, Pflege und Veränderung des Marken- und Unternehmensimages ..	-Aktives Informationsverhalten der Konsumenten -Kaufabsichten - Beschwerdeverhalten und aktives, kritisches Feedback ..

Tabelle 1: Kategorien von Zielsetzungen

(Quelle: *Manfred Bruhn* (2012), S.317)

---

[25] Vgl. *Manfred Bruhn* (2012), S.314-317

Für den Aufbau einer Kundenbindung sind vor allem konative Ziele interessant, die nicht nur Vertrauen zum Kunden aufbauen, sondern ihn zur positiven Mund-zu-Mund-Kommunikation bewegen können. In der Kommunikationspolitik existieren zudem verschiedene Instrumente, wie und welche Kommunikationsformen auf welche Weise effektiv eingesetzt werden können. In Bezug auf das Thema Kundenbindung sind die Instrumente der Dialogkommunikation relevant. Mit den Instrumenten der Dialogkommunikation werden der Aufbau und die Intensivierung des Dialogs mit potenziellen sowie aktuellen Kunden durch eine individuelle Kommunikation anvisiert. Ein Instrument- *Persönliche Kommunikation-* wird nun näher dargestellt. Persönliche Kommunikation ist die Analyse, Planung, Durchführung und Kontrolle sämtlicher unternehmensinterner und -externer Aktivitäten, die mit der wechselseitigen Kontaktaufnahme bzw. -abwicklung zwischen Anbieter und Nachfrager in einer durch die Umwelt vorgegebenen persönlichen Kontaktsituation verbunden sind.[26] In der Fitnessbranche hat die persönliche Kommunikation eine besondere Bedeutung. Unabhängig davon, ob der Kunde sich im Beratungsgespräch oder bei der Geräteeinweisung befindet, findet ständig eine (in)direkte und persönliche Kommunikation statt. Durch diese Form von Kommunikation wird auf langfristiger Sicht Vertrauen aufgebaut, das Sinken der Kundenzufriedenheit verhindert sowie die Erweiterung der Leistungsangebote effektiv gestaltet.

1.3 Die Grenzen von Kundenbindungsmaßnahmen

In den ersten Kapiteln ging es um den Aufbau sowie um den Hintergrund einer erfolgreichen Kundenbindung. Nun geht es um die Grenzen von Kundenbindungsmaßnahmen. Wann führen Kundenbindungsmethoden zu keinem Erfolgserlebnis mehr? Wie sind solche Grenzen zu erkennen? Betrachtet man an dieser Stelle den Kundenlebenszyklus auf der Seite 30, ist zu erkennen, dass die

---

[26] Vgl. *Manfred Bruhn* (2012), S.327-328

Kundenbeziehung in der sogenannten Verfallsphase einen negativen Kurvenverlauf annimmt. Befindet sich ein Unternehmen in diesem Stadium der Kundenbeziehung, kann dies Folgendes bedeuten:

1. Der Kunde ist mit der Leistung unzufrieden und wechselt zum Wettbewerber, der die Bedürfnisse befriedigen kann. Ein Beispiel: Ein Kunde in einem Fitnessstudio erbittet mehrmals um die Reparierung des einzigen Latzugs, da das Band, das die Gewichte anhebt, gerissen ist. Da auf seine Beschwerde keine Reaktion folgt, kündigt er und wechselt in ein anderes Fitnessstudio.

2. Das Preis-Leistungs-Verhältnis ist für den Kunden nicht berechtigt.

3. Versprochene Leistungen werden nicht eingehalten.

4. Die Servicequalität lässt mit der Zeit nach. Beispiel: Ein Kunde eines Fitnessstudios wird mit der Zeit nicht mehr in dem Umfang betreut wie zuvor.

5. Der Ist-Wert entspricht nicht (mehr) dem Sollwert: Die Grundforderungen eines Fitnessstudis wie Hygiene, Sauberkeit, Funktionalität und Funktionsfähigkeit von Trainingsgeräten werden nicht mehr im vollen Maße ausgeführt.[27]

In der Regel versucht ein Unternehmen mit Rückgewinnungsaktionen den Kunden in einer derartigen Phase vom Bleiben zu überzeugen. In Fitnessstudios werden bspw. Rabattaktionen (bspw. der Mitgliedsvertrag wird preisgünstigeren Bedingungen aktualisiert) oder kostenlose Personaltrainingsstunden angeboten. Nicht immer können solche „Wiedergutmacher" die verlorene Kundenbindung wiederherstellen. Für einige Kunden sind die Erfahrungen mit dem jeweiligen Unternehmen so negativ ausgefallen, dass sie den Wechsel zum Wettbewerber bevorzugen. Die Grenzen von Kundenbindungsmaßnahmen werden im Prinzip vom Kunden selbst bestimmt. Wenn alle gegebenen Faktoren zu keinem positiven Erlebnis mehr führen, wird er sich dies woanders suchen. Betrachtet man die jeweiligen Kundenbeziehungen in einem Dienstleistungsunternehmen, ergeben sich folgende Konstellationen: Mitarbeiter-Kunden-Beziehung, Unternehmen-Kunden-Beziehung sowie Kunden-Produkt-Verhältnis. Die Mitarbeiter-Kunden-Beziehung prägt die Einstellungen von Kunden zum Unternehmen am meisten. Der Mitarbeiter ist nämlich für den Kunden die erste Anlaufstelle, zu der jener oft eine emotionale Beziehung aufbaut. In einem Fitnessstudio

---

[27] Vgl. *Frank Daumann* (2012), S.55

ist der Mitarbeiter vor allem für die Geräteeinweisung sowie Trainingsbetreuung zuständig. Dieser ist im Grunde dafür zuständig, den Kunden zu motivieren und ständig vom Unternehmen gewissermaßen zu „überzeugen". Erfüllt dieser im Laufe der Zeit seine Aufgaben nicht mehr wie zuvor oder verlässt sogar das Fitnessstudio, verliert auch der Kunde meist schnell seine Motivation und Begeisterung für das Training und besucht das Fitnessstudio weniger. Irgendwann kommt es dazu, dass er sich überlegt eine andere Sporteinrichtung zu besuchen, wofür jener eher Begeisterung aufbauen kann und kündigt somit sein Mitgliedsvertrag. Der Mitarbeiter ist bei der Thematik Kundenbindung ein wichtiger Akteur, der das Unternehmen zum Erfolg wie auch zum Misserfolg führen kann. Die Grenzen von Kundenbindungsmaßnahmen können durch das Engagement der Mitarbeiter variabel mitverschoben werden. Ob die Verschiebung positiv oder negativ ausfällt, hängt auch vom Dienstleister und seine Bemühungen um den Mitarbeiter ab.

2. Aufgabe D 2

2.1 Psychologische Erklärungsansätze im Dienstleistungsmarketing

Psychologische Ansätze dienen im Allgemeinen dazu, Gründe für das tatsächliche Verhalten von Personen zu finden. Dazu werden Ursache und Wirkungen des Verhaltens Einzelner betrachtet. Aus Sicht des Dienstleistungsmarketing dienen psychologische Ansätze der Erklärung von Wirkungen marketingpolitischer Maßnahmen und letztendlich zur Beeinflussung des Kundenverhaltens. [28] In der verhaltensbezogenen Marketingtheorie und in der Konsumentenforschung ist vor allem das S-O-R-Schema bekannt. Mit dem Schema wird versucht, das Verhalten der Konsumenten zu erklären. Mit der Zeit haben sich sogenannte Teilmodelle mit Hypothesen entwickelt, die bei der Gestaltung von Dienstleistungen als auch von

---

[28] Vgl. *Dipl.-Kfm. Andreas Bareiß* (2014), S.20

Geschäftsbeziehungen angewendet werden.[29] Im Folgenden werden fünf psychologische Ansätze aufgefasst:

1. Die Lerntheorie

In diesem Ansatz wird eine Informationsfunktion aufgeführt, die Informationen über Umweltzusammenhänge und Auswirkungen des eigenen Verhaltens auf die Umwelt umfasst. Dabei laufen zwei unterschiedliche Prozesse nebeneinander ab: automatische Lernprozesse und komplexe Lernvorgänge. Bei automatischen Lernprozessen werden Informationen unbewusst aufgenommen und gespeichert. Solche Situationen werden auch als Low-Involvement-Situationen bezeichnet. Im Dienstleistungsmarketing sind solche Lernprozesse in Form von Werbung beispielsweise wiederzufinden. Je öfter der Kunde die Werbung der Dienstleistung sieht, desto öfter denkt er an die jeweilige Dienstleistung. Bei komplexen Lernvorgängen werden Informationen aktiv verarbeitet, um Wissensstrukturen aufzubauen und im Langzeitgedächtnis zu verankern. Hier muss der Kunde sich mit der Dienstleistung direkt auseinandersetzen, um bestimmte Assoziationen mit der Dienstleistung zu verbinden und sie zu bewerten (z.B. Servicequalität). Hierbei handelt es sich um ein hohes Involvement. In Bezug auf das Dienstleistungsmarketing kann das *Lernen nach dem Verstärkungsprinzip* hervorgehoben werden. Nach dem Prinzip findet eine Anpassung des Verhaltens an die gegebene Umwelt statt, da die Verhaltensfolgen auf jenen wieder zurückfallen können. Die jeweiligen Konsequenzen für die Person können entweder als positiv (belohnend) oder negativ (bestrafend) beurteilt werden. Folglich werden Nutzen bringende Verhaltensweisen der Vergangenheit beibehalten, während Verhaltensweisen, die wenig Nutzen gebracht haben, zu Verhaltensänderungen führen.[30] Zum Beispiel kommen zu einer Kosmetikerin nur dann neue Kundinnen, wenn ihre bereits behandelten Kundinnen ein positives Resultat (wie ein strahlendes Gesicht) repräsentieren können. Ist dies nicht der Fall, muss die Kosmetikerin an ihrer Arbeitsweise etwas verändern.

2. Die Risikotheorie

In diesem Ansatz versuchen Individuen das Kaufrisiko (so wie sie es aus ihrer subjektiven Perspektive und ihrem Wissensstand wahrnehmen) zu minimieren. Hierbei

---

[29] Vgl. *Manfred Bruhn* (2012), S.63-64
[30] Vgl. *Manfred Bruhn* (2012), S.65

kommen zwei Szenarien in Frage. Einerseits folgen für den Konsumenten negative Konsequenzen einer Fehlentscheidung, andererseits muss jener sich mit der Wahrscheinlichkeit auseinandersetzen, dass negative Konsequenzen eintreten können. Generell werden finanzielle, soziale sowie psychische Risiken (z.B. Intoleranz der Familie) eingegangen. Allerdings sind Konsumenten in der Regel nicht zwangsläufig an einer Risikominimierung interessiert, da schon im Vorfeld eher Low-Involvement-Situationen gewählt werden. Wie in der Lerntheorie angesprochen, schenkt der Konsument solchen Low-Involvements nur wenig Beachtung. Was hingegen auf hohes Involvement kaum zutrifft. Hier muss der Konsument sein Risiko minimieren, wenn es seine individuelle Toleranzgrenze überschreitet. Die Risikoreduktion kann bspw. durch ein Testangebot (z.B. Produkttestung) erfolgen, um die Fehlentscheidungsquote im Nachhinein geringer zu halten.[31]

3. Die Dissonanztheorie

Im Rahmen der Dissonanztheorie steht die subjektive und individuelle Erfahrung mit der Unsicherheit über Handlungsfolgen im Vordergrund. In Bezug auf eine Geschäftsbeziehung bedeutet dies, dass nach einem Kauf versucht wird, Dissonanz erhöhende Informationen zu vermeiden. Die Stärke der Dissonanz hängt zum einen davon ab, wie der Konsument sich nach einer Kaufentscheidung fühlt (z.B. Zweifeln, Freude oder Frust) und zum anderen wie er insgesamt die Kaufentscheidung einschätzt (positiv oder negativ). Im Weiteren hängt die Dissonanz davon ab, welche Bedeutung die kognitiven Elemente für den Konsumenten haben. Zudem liegen die subjektiven Toleranzen bei jeder Person unterschiedlich, die ebenfalls zu berücksichtigen sind. Grundsätzlich kann festgehalten werden, dass die Dissonanztheorie nur dann von Relevanz ist, wenn es sich für den Konsumenten um einen Erstkauf handelt. Sobald positive Kaufentscheidungen mehrmals bei demselben Dienstleister getätigt wurden, minimiert sich nicht nur die Dissonanz, der Kunde baut ebenso Vertrauen auf.[32]

[31] Vgl. *Dipl.-Kfm. Andreas Bareiß* (2014), S.22-23
[32] Vgl. *Manfred Bruhn* (2012), S.66-67

4. Die Attributionstheorie

Diese Theorie versucht, beobachtete Gegebenheiten einer Interaktion zu begründen, indem die Ursachen auf das eigene Verhalten, das Verhalten des Interaktionspartners oder auf das Umfeld zurückzuführen (attribuieren) sind. In der Regel führt dies zur Beeinflussung der eigenen Verhaltensweisen. Im Dienstleistungsmarketing wird eine personenbezogene Attribution angestrebt, da der Kunde im direkten Kontakt zum Dienstleistungsprozess, primär zum Mitarbeiter steht. Je nachdem, ob die Attribution zu einem positiven Ergebnis (z.B. hohe Servicequalität, gestiegene Mitarbeiterkompetenz, usw.) oder zu einem negativen Ergebnis (z.B. mangelndes Kundeninteresse, Kundenunfreundlichkeit, usw.), führt dies entweder zu einer (langfristigen) Kundenbindung oder auch zu keiner. Die Anwendung der Theorie zeigt sich in der Praxis eher als schwierig, da der Kunde selbst derartige Gedankengänge eher nicht durchläuft. Es stellt quasi eine Hypothese auf, die nicht vollständig nachgewiesen werden kann. [33]

5. Die Balancetheorie

Die Balancetheorie setzt sich mit den Bestrebungen von Personen auseinander, ihre Überzeugungen, Einstellungen, Werte und Aktivitäten in Einklang miteinander zu bringen und in diesem Zustand zu halten.[34] Im Dienstleistungsmarketing möchte der Kunde für den von ihm bezahlten Preis eine gleichwertige Dienstleistungsqualität erhalten. Die Einschätzung der Gleichwertigkeit kann jedoch vom Kunden anders wahrgenommen, wie beim Dienstleister bzw. Mitarbeiter. Hier gilt dann folglich eine Balance (Gleichgewicht) in diesem Missverständnis herzurichten. Im Weiteren wird davon ausgegangen, dass der Kunde seine Einstellung unter bestimmten Bedingungen an die Einstellung des Mitarbeiters anpasst. Da die Mitarbeiter für Kunden eine gewisse Orientierungsgröße darstellen, ist laut der Theorie zunächst die Mitarbeiterbindung zu stärken, erst darauf die Kundenbindung. Ist der Mitarbeiter mit dem Unternehmen unzufrieden, so wird irgendwann auch der Kunde unzufrieden sein. Die Balancetheorie rückt somit den Fokus nicht nur auf den Kunden, sondern primär auf den Mitarbeiter.[35]

---

[33] Vgl. *Manfred Bruhn* (2012), S.67
[34] Vgl. *Manfred Bruhn* (2012), S.68
[35] Vgl. *Dipl.-Kfm. Andreas Bareiß* (2014), S.24

2.2 Vermarktung einer Dienstleistung am Beispiel von Gesundheitsstudios

In diesem Abschnitt geht es um die Vermarktung einer Dienstleistung, speziell einer komplexen Beratungsleistung. Zunächst ist der Ausdruck *komplexe Beratungsleistung* zu definieren. Hierzu kann die Lerntheorie aus dem vorherigen Kapitel herangezogen werden: Unter einer komplexen Beratungsleistung kann ein Sachverhalt verstanden werden, der (sehr) umfangreich aufgebaut ist. Für das Verständnis ist ein fachliches Hintergrundwissen notwendig. Solche Situationen sind beispielsweise bei einem Arztbesuch zu treffen. Der Arzt wirft dem Patienten zahlreiche Fachausdrücke an den Kopf, wobei der Patient (ahnungslos) dem Arzt sein Vertrauen entgegenbringen muss. Derartige Beratungsleistungen sind bspw. auch in Gesundheitsfitnessstudios zu finden, die im Folgenden dargestellt werden. Im Allgemeinen wird mit der Vermarktung einer Dienstleistung das Ziel verfolgt, ein bestimmtes Problem beim Konsumenten zu lösen. Welche Probleme lösen Gesundheitsfitnessstudios im Allgemeinen? Welches Potenzial ist gegeben? In der heutigen Zeit sind körperliche Dysbalancen weit verbreitet. Der moderne Mensch bewegt sich wenig bzw. die Bewegungsmuster fallen oft sehr monoton aus, sodass einige Muskelgruppen komplett verkümmern. Nach der Marktpositionierung folgt die Stärken-Schwäche-Analyse. Welche Stärken und welche Schwächen bietet ein Gesundheitsfitnessstudio? Unter Stärken könnten z.B. ein betreutes Training, fachliches Personal sowie Eingang auf das persönliche Beschwerdebild sein. Unter Schwächen könnten bspw. teure Mitgliedschaften oder evtl. kürzere Öffnungszeiten fallen. Anschließend folgen die Zielfestsetzung sowie die Zielgruppenfestlegung. Das Ziel jener Einrichtungen ist zum einen die körperliche Gesunderhaltung sowie die Minimierung der muskulären Dysbalancen und zum anderen der psychische Ausgleich zum Alltag. Im Weiteren soll dem Kunden eine individuelle Betreuung im Training ermöglicht werden. Nachdem die Zielgruppe festgelegt ist, geht es im nächsten Schritt weiter mit der Gewinnung der Zielgruppe. Hier ergeben sich mehrere Möglichkeiten. Primär ist eine positive Kunden-Dienstleistung-Beziehung aufzubauen, indem man versucht auf den bereits bestehenden Kunden sowie seinen Bedürfnissen bestmöglich einzugehen. Hierunter fließen eine adäquate Servicequalität sowie das Eingehen auf Kundenbeschwerden (Beschwerdemanagement). Der Kunde leistet dafür im Gegenzug eine positive Mundkommunikation.[36] Im Weiteren kann eine Imagewerbung betrieben werden. Hier hat man die Möglichkeit, den Interessenten das Dienstleistungsunternehmen ausführlich vorzustellen. Der Kunde hat hierbei zudem die Möglichkeit sein Risikoverhalten zu reduzieren, in dem jener sich mit der Gesundheitseinrichtung vertraut machen kann (Risikotheorie). Eine weitere Möglichkeit, um mit der gewünschten Zielgruppe in Kontakt zu kommen, sind Seminare. Bei einem gut gemachten Seminar ist zum Seminarleiter ein gewisses Vertrauen aufgebaut.[37] Neben der Gewinnung von Neukunden liegt auch die Kundenerhaltung im Fokus der Dienstleistungsvermarktung. Welche Erwartungen bzw. Ansprüche setzen Kunden bei einem Gesundheitsstudio? Grundlegende Ansprüche seien zunächst Freundlichkeit, Hilfsbereitschaft, Ehrlichkeit oder Höflichkeit. Werden elementare Erwartungen nicht erfüllt, führt es zur Unzufriedenheit bei Kunden. Spezifische Erwartungen könnten einerseits fachliches Know-how sein, wie der Umgang mit körperlichen Beschwerden sowie eine reguläre Trainingsbetreuung mit individuellen Übungseinheiten, abgestimmt auf das Beschwerdebild. Allerdings ist hier zu erwähnen, dass der Kunde diese Erwartung nur schwer beurteilen kann. Er verfügt weder das benötigte Fachwissen noch versteht er, wo genau seine Beschwerden sind und wie sie erst entstehen konnten. Der Kunde kann einzig das Resultat bewerten. Im Dienstleistungssektor ist entscheidend, ob sich das Unternehmensziel „Kundenorientierung" in der Wahrnehmung der Organisation durch die Dienstleister niederschlägt. Das bedeutet, dass neben dem Dienstleister auch die Mitarbeiter kundenorientiert handeln sollen.[38] Die Umsetzung einer solchen Kundenorientierung wurde in Kapitel 1.2 ausführlich dargestellt. Der letzte wichtige Punkt bei der Vermarktung einer Dienstleistung ist das Beschwerdemanagement. Sobald das Leistungsangebot die Erwartung nicht vollständig trifft, handelt es bei diesen Äußerungen um Beschwerden. Wann beschwert sich der Kunde? In Gesundheitsfitnessstudios können Beschwerden zu Trainingsgeräten, zur Trainingsausstattung, zum mangelnden Engagement oder Desinteresse der Mitarbeiter und zum Preis-Leistungsverhältnis folgen. Welche Beschwerde auch immer eintrifft,

[36] Vgl. *Prof. Dr. Joachim Merk* (2014), S.77-78

[37] Vgl. *Patrick Schlenz* (2005), S.102-104

[38] Vgl. *Prof. Dr. Joachim Merk* (2014), S.85

führt sie immer zu Unzufriedenheit beim Kunden. Jedoch kann der Dienstleister nicht jede einzelne Beschwerde seiner Kunden zu deren Gunsten umsetzen. Hier gilt es zu unterscheiden, um welche Kategorie von Beschwerde es hierbei handelt. Es gibt „banale" Beschwerden wie der Mitarbeiter hat einmal nicht genug gelächelt und es gibt „schwerwiegende" Beschwerden wie ein Trainingsgerät ist defekt. Die Aufgabe liegt hier, die Beschwerde anzunehmen und sie bestmöglich in kürzerer Zeit zu beheben. Wie z.b. das defekte Trainingsgerät reparieren zu lassen. Bezieht man sich an dieser Stelle auf die Balancetheorie, möchte der Kunde letztlich für den von ihm bezahlten Preis eine gleichwertige Dienstleistungsqualität erhalten. Bei Beschwerden handelt es sich um die vom Kunden wahrgenommenen Schwächen der Leistung, die vom Dienstleister auf diese Weise zu Stärken umgewandelt werden können.

3. Aufgabe D 3

3.1 Die Gesundheitsdienstleistung am Beispiel von Krankenhäusern

Die Gesundheitsdienstleistung nimmt in der heutigen Zeit einen wichtigen Part ein. Einige Gesundheitseinrichtungen haben nicht immer einen festen Standort. Mobile Pflegedienste ermöglichen es beispielsweise, dass der Pflegebedürftige bei sich zu Hause adäquat versorgt werden kann. Hebammen fahren zu ihren Schwangeren in der Regel nach Hause und können etwaige Untersuchungen direkt vor Ort durchführen. Obwohl die Technologie schon bewundernswerte Fortschritte wie z.B. elektrische Betten vorgeführt hat, ist das Personal im Gesundheitsbereich teilweise sehr überfordert. Da ein ständiger Personalmangel besteht. Ein solches Problem ist ebenso in Krankenhäusern zu finden. Unabhängig von der Stationsart (z.B. Kinderstationen, Geburtsstation usw.), überall wird ständig nach Fachpersonal wie Krankenschwestern, Pflegekräften, Ärzten, medizinischen Assistenten oder Hebammen gesucht. Ein weiteres Problem ist der Mangel an Krankenhäusern. Beispielsweise gibt es für Gebärende nur wenige Alternativen, die sie nutzen können. Kommt es dazu, dass viele Geburten im selben Zeitraum stattfinden, werden so viele wie möglich in ein Zimmer untergebracht.

Dies wiederum führt zu großen Unruhen sowie Unzufriedenheit. Ebenso gilt es auch für Patienten, die in Krankenhäusern stationiert werden. Besteht ein Mangel an Plätzen, müssen Patienten mit weniger schwerwiegenden Erkrankungen entlassen werden.

3.2. Merkmale und Besonderheiten von Dienstleistungen in Krankenhäusern

Der Dienstleistungssektor wächst im Zeitverlauf immer weiter an. Es bildet in der heutigen Zeit einen besonderen Schwerpunkt in der Gesellschaft. Ihre Wichtigkeit wird vor allem durch folgende Merkmale und Besonderheiten festgelegt:

Eines der wichtigsten Merkmale ist die Immaterialität. Eine Dienstleistung ist kein erfassbarer Gegenstand und ist somit nichts Materielles.[39] Eine Dienstleistung erfolgt sozusagen auf einer physischen Ebene. Die Bewertung einer solchen Leistungsebene ergibt sich in der Praxis als schwierig. Ein Beispiel: Eine Krankenschwester führt bei einem Patienten eine Blutabnahme durch, um das Blut auf etwaige Nährwerte zu testen. Die Dienstleistung erfolgt personenbezogen, indem ein direkter Körperkontakt entsteht.

Eine weitere Eigenschaft von Dienstleistungen ist die Integration des externen Potenzials. Dieser wird nicht nur in den Dienstleistungsprozess integriert, sondern produziert diesen gewissermaßen mit.[40] In Krankenhäusern wird das Essen auf einem Tablet ins Zimmer des Patienten gebracht. Gäbe es bspw. keine Patienten, hätten die Krankenschwestern bzw. die Pflegekräfte keine Arbeit mehr. Dienstleistungen können somit nur durch den externen Faktor erst existieren.

Die nächste Besonderheit von Dienstleistungen ist die Individualität und die eingeschränkte Standardisierung. Da der Kunde bzw. in diesem Fall der Patient in die Dienstleistung integriert wird, muss die Dienstleistung sich gewissermaßen an den Patienten ausrichten. Im Krankenhaus hat jeder Patient eine individuelle Erkrankung. Obgleich die Krankheitsbilder bei vielen Patienten identisch sind, verläuft sie bei jedem anders und jeder reagiert mit unterschiedlichen Verhaltensmustern darauf. Die

---

[39] Vgl. *Prof. Dr. Joachim Merk* (2014), S.16
[40] Vgl. *Prof. Dr. Joachim Merk* (2014), S.17

Behandlung muss demnach individuell durchgeführt werden (Individualleistung). Die Dienstleistung kann hierbei kaum standardisiert werden. Da die Behandlungsausführung jeweils unterschiedlich verlaufen können.

Das nächste Merkmal ist die Nicht-Lagerfähigkeit von Dienstleistungen. Eine Dienstleistung ist kein erfassbares Produkt, das verpackt und in einer Lagerhalle auf Vorrat bspw. aufbewahrt werden kann. Genauso wenig kann man es per Post zum Kunden versenden. Dienstleistungen können nur über den persönlichen und direkten Weg zum Kunden „geliefert" werden. Vor allem in Krankenhäusern wird die Dienstleistung tagtäglich direkt an den Patienten praktiziert. [41]

Im Weiteren entstehen Dienstleistungen bei Konfrontationen durch Anbieter und Nachfrager. Das Zusammentreffen beider Akteure bildet erst den Dienstleistungsprozess, wobei jeder anteilig integriert ist. In Krankenhäusern basiert diese Konfrontation nicht auf der freiwilligen Basis des Nachfragers (Patienten). Ein externer Faktor (z.B. eine Krankheit) zwingt diesen quasi dazu, sich an den Anbieter zu wenden (Krankenhaus), unabhängig davon wie zufriedenstellend die Dienstleistung tatsächlich verläuft. [42]

Eine weitere Besonderheit von Dienstleistungen ist die Gleichzeitigkeit von Produktion und Konsumption. Dieser parallel verlaufende Prozess wird auch als *Uno-Actu-Prinzip* bezeichnet. Am Beispiel eines Krankenhauses kann es folglich so aussehen: Ein Patient wird vom Arzt auf seine Beschwerden hin untersucht. Der Arzt schickt den Patienten zum Röntgen, da die Ursache der Beschwerde am Knochen vermutet wird. Der Patient befolgt die Anweisung vom Arzt und lässt sich vom zuständigen Krankenhauspersonal röntgen. Der Patient hat also das Problem zunächst „produziert", das der Arzt im selben Moment „konsumiert" hat, indem er den Patienten seine Beschwerde erhört und untersucht hat. Daraufhin schickt der Arzt den Patienten zum Röntgen (Produktion), was der Patient durchführt (Konsumption). [43]

Weitere Besonderheiten der Dienstleistung werden erkennbar, wenn man es systematisiert. Hierbei entstehen zwei Varianten: Zum einen die Systematisierung

[41] Vgl. *Prof. Dr. Joachim Merk* (2014), S.17
[42] Vgl. *Prof. Dr. Joachim Merk* (2014), S.17
[43] Vgl. *Prof. Dr. Joachim Merk* (2014), S.18

anhand des Gutcharakters und zum anderen die Systematisierung anhand des Beziehungstyps.

Gutcharakter können in Suchgüter, Erfahrungsgüter und Vertrauensgüter unterschieden werden. Unter Suchgüter versteht man Güter, bei denen sich der Käufer vor dem Kauf über Qualität und Preis in entsprechenden Geschäften informiert (z.b. Möbel). Dienstleistungen gehören in der Regel nicht dazu. Erfahrungsgüter werden erst durch den Kauf in Erfahrung gebracht. Der Konsument kann durch probierte Produkte einschätzen, was für eine Art von Qualität das Produkt für einen bestimmten Zweck liefert (z.b. Soßen). In Krankenhäusern wird zwar nichts Derartiges verkauft, jedoch werden bestimmte Heilprodukte verwendet, die der Patient bei Bedarf in bestimmten Geschäften kaufen kann (z.b. Arnikasalbe zur Wundheilung). Vertrauensgüter schließlich sind Güter, deren Qualität der Konsument sowohl vor dem Kauf als auch nach dem Kauf schwer beurteilen kann. Der Konsument muss sozusagen dem Produzierenden quasi Vertrauen, dass sich das zu kaufende Produkt in der versprochenen Qualität befindet (z.b. beim Salat die Anbaumethode). In Krankenhäusern laufen einige Dienstleistungen ebenso auf Vertrauensbasis. Das Essen kann der Patient von der Qualität nur schwer beurteilen, vor allem, weil jener durch seine Beschwerde nicht wirklich urteilsfähig ist.

Beziehungstypen in der Dienstleistung können in einigen Kategorien eingeteilt werden: An der Leistungserstellung können Anbieter-Nachfrager in Bezug auf Personen oder auf Objekte beteiligt sein. Wird der Service an einem Objekt des Kunden durchgeführt, so steht fast ausschließlich das Ergebnis im Vordergrund und man spricht von einer ergebnisorientierten Dienstleistung (z.b. Reparatur). Bei Leistungen am Kunden, die durch ein Objekt des Dienstleisters erfolgen, steht der Prozess im Vordergrund (Prozessorientierung). Sind bei der Dienstleistung nur Personen beteiligt (Nachfrager und Anbieter), sind sowohl Prozess als auch Ergebnis für die Qualitätswahrnehmung von Bedeutung (z.b. Arzt-Patient-Konstellation). Am Beispiel eines Krankenhauses laufen verschiedene Leistungsprozesse ab. Zum einen finden Leistungen am Kunden durch das Objekt statt (z.b. Röntgen), zum anderen werden personenbezogene Leistungen durchgeführt (z.b. Untersuchungen durch den Arzt). [44]

---

[44] Vgl. *Prof. Dr. Joachim Merk* (2014), S.22-23

Anhang

1. Strategische Analysekonzepte des Dienstleistungsmarketings

Zu den strategischen Analysemethoden gehören die SWOT-Analyse, die Lebenszyklusanalyse, die Positionierungsanalyse und die Portfolioanalyse:[45]

1. Die SWOT-Analyse (Strength, Weaknesses, Opportunities, Threats) dient der Gewinnung von Hinweisen zur Ableitung strategischer Stoßrichtungen bzw. zum Aufbau von Wettbewerbsvorteilen im Rahmen des strategischen Planungsprozesses. Diese teilt sich in Chancen-Risiken-Analyse und Stärken-Schwächen-Analyse ein, die zusammen die SWOT-Matrix ergeben. Im Folgenden wird die Kundenbindung eines Fitnessstudios[46] in der SWOT-Matrix dargestellt:

Chancen	Risiken
- Fitnesstrend gewinnt mehr an Bedeutung	- Technischer Fortschritt führt virtuelle Fitnessstudios ein
- Krankenkassen übernehmen einen Anteil der Kosten	- Preisgünstigere Angebote von Wettbewerber
- Großer Gesunderhaltungstrieb	- Sehr großes Angebot vorhanden
Stärken	**Schwächen**
- Vielfalt an Trainingsangeboten	- Kleine Zielgruppen kaum im Fokus
- Beliebtes Freizeitangebot	- Oft: Quantität statt Qualität

---

[45] Vgl. *Dipl.-Kfm. Andreas Bareiß* (2014) S.43
[46] In Anlehnung an *DSSV & Deloitte & Deloitte*

- Erweiterung zum Gesundheitstraining	- Allgemeinheit vor Individualität

Tabelle 2: SWOT-Analyse am Beispiel eines Fitnessstudios

(Quelle: Eigene Darstellung[47])

In der dargestellten SWOT-Matrix ist erkennbar, dass die heutigen Fitnessstudios diversen Ansprüchen unterliegen. Man setzt sich heutzutage stark mit seiner Gesundheit auseinander, wodurch der Qualitätsanspruch an Fitnesseinrichtungen im Zeitverlauf steigt. Zum einen wird ein hohes Leistungsniveau von Mitarbeitern (Trainern) erwartet und zum anderen setzt die Kundenmehrheit zahlreiche Angebote von Fitnessstudios voraus. Zudem verschiebt sich der Fokus von dem klassischen Fitnesstraining zum medizinischen Gesundheitstraining. Die Vielfalt an Fitnesseinrichtungen kann allerdings nicht immer das Qualitätsversprechen einhalten, da bspw. Discounterstudios nicht die benötigten Kosten aufbringen können. Eine Untersuchung von acht Fitnessketten durch die Stiftung Warentest aus dem Jahr 2009 hat gezeigt, dass sowohl die Trainingseinführung als auch die Trainingsbetreuung bei den meisten Anbietern gerade einmal die Bewertung befriedigend oder ausreichend erhielten. Drei Betreiber wiesen sogar eine mangelhafte Betreuung auf.[48] Im Weiteren haben kleine Zielgruppen wie z.B. Mütter mit Kleinkindern oft nicht die Möglichkeit, das Fitnessstudio zu nutzen, da es an Betreuungsangeboten mangelt.[49] Das Ziel von Fitnessstudien sollte folglich sein, dass Kunden vermehrt eine qualitative sowie individuellere Betreuung erhalten, die auf deren gesundheitlichen Zustand abgestimmt ist. Des Weiteren sollte der Fokus auf kleine Zielgruppen im Zeitverlauf verstärkt werden.

2. Die Positionierungsanalyse

Die Positionierungsanalyse analysiert die Situation des Dienstleistungsanbieters und ergänzt die SWOT- Analyse. Die Positionierung dient der Positionsbestimmung von Dienstleistungsmarken, -prozessen, strategischen Geschäftseinheiten oder ganzer

---

[47] In Anlehnung an *Dipl.-Kfm. Andreas Bareiß* (2014) S.45
[48] Vgl. *Heinze, Römmelt, & Daumann* (2011), S. 2
[49] Vgl. *Sawtschenko* (2012), S.35-36

Dienstleistungsunternehmen. Hierbei werden fünf Analysephasen unterschieden: Als erstes wird das zu positionierende „Objekt" bestimmt. Zudem werden die relevanten Merkmale der Leistungen festgelegt, die eine Relevanz für das Kaufverhalten der Kunden aufweisen. Darauf wird die Ist-Positionierung des „Objektes" durch Platzierung des eigenen Objektes sowie der Objekte von Wettbewerbern erstellt. Im Weiteren wird die Ist-Position mit der Soll-Position aus Kundensicht verglichen. In der letzten Phase werden strategische Stoßrichtungen abgeleitet.[50] Dazu können Positionierungsmodelle herangezogen werden, um einen Überblick über die zu positionierenden Dienstleister zu erhalten. Im Folgenden wird ein Positionierungsmodell am Beispiel der Fitnessbranche dargestellt: Hierzu wurden 5 Fitnessstudios ausgewählt, die vom Bekanntheitsgrad am weitesten vorne sind.[51]

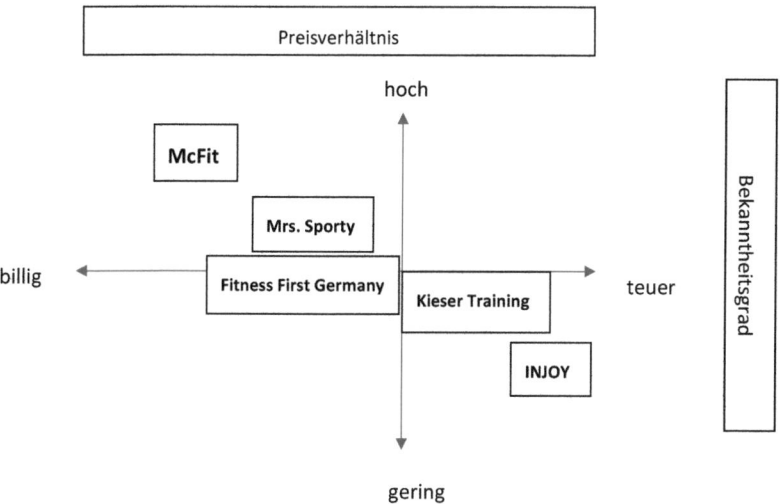

Abbildung 2: Positionierungsmodell zu Fitnessstudios

(Quelle: Eigene Darstellung)

---

[50] Vgl. *Dipl.-Kfm. Andreas Bareiß* (2014), S.45-46
[51] Inhaltliche Anlehnung an *Statista* (2016)

Man erkennt, dass der Bekanntheitsgrad eines Fitnessstudios bzw. einer Fitnesskette umso höher ist, je niedriger der Mitgliedsbeitrag jeweils ist. Es lässt sich schließen, dass die Fitnesskette McFit bei der Kundenmehrheit sehr bekannt ist und das Fitnessstudio INJOY vergleichsweise einen geringen Bekanntheitsgrad erfasst. Folglich kann man sagen, dass das Image der Fitnessstudios vom Faktor Preis stark abhängt. Es ist neben Qualität ein wichtiges Kriterium, worauf die Kundenmehrheit einen großen Wert legt.

3. Lebenszyklusanalyse

Die Lebenszyklusanalyse untersucht die Dienstleistungen auf die Präsenzdauer auf dem Markt. Sie dient der Identifikation von Gesetzmäßigkeiten im Verlauf der Entwicklung, um daraus Schlussfolgerungen für die Marktbearbeitung zu ziehen. Hierbei werden fünf Phasen unterschieden: Die Einführungsphase, die Wachstumsphase, die Reifephase, die Sättigungsphase und die Verfallsphase. Der Lebenszyklus teilt sich in drei verschiedene Formen wie der Marktlebenszyklus, der Dienstleistungslebenszyklus und der Kundenlebenszyklus ein. Im Rahmen dieser Arbeit liegt der Fokus auf dem Kundenlebenszyklus. Dieser Zyklus lässt sich zum einen in den Kundenbedarfslebenszyklus und zum anderen in den Kundenbeziehungslebenszyklus einteilen. Der Kundenbedarfslebenszyklus stellt die Kundenbedürfnisse eines bestimmten Marktes in unterschiedlichen Lebensphasen dar. Beim Kundenbeziehungszyklus wird hingegen die Qualität der Kundenbeziehung zum Unternehmen in Abhängigkeit von der Dauer der Beziehung zum Unternehmen betrachtet.[52] Folglich wird ein beispielhafter Kundenlebenszyklus dargestellt:

---

[52] Vgl. *Dipl.-Kfm. Andreas Bareiß* (2014), S.48-51

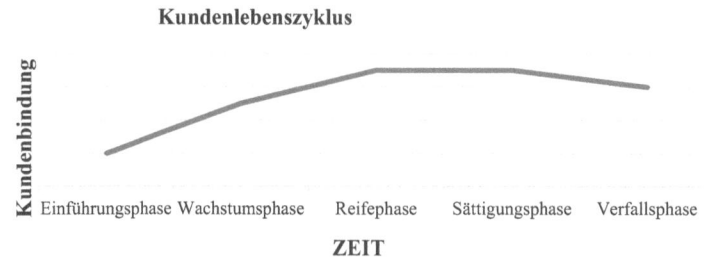

Kundenlebenszyklus

Einführungsphase Wachstumsphase   Reifephase   Sättigungsphase   Verfallsphase

ZEIT

Abbildung 3: Kundenlebenszyklus von Fitnessstudios

(Quelle: Eigene Darstellung)[53]

Der dargestellte Kundenlebenszyklus zeigt in der Einführungsphase, dass sich ein Fitnessstudio noch im unteren Bekanntheitsgrad befindet. In dieser ersten Phase kann zunächst eine labile Kundenbindung aufgebaut werden. Die Labilität erklärt sich dadurch, dass bei der Eröffnung eines Fitnessstudios die ersten Kunden zunächst das Leistungsangebot testen. Nach dieser sogenannten Testphase wird ersichtlich, ob das Leistungsangebot zum Wachstum der Kundenzahl führt oder nicht. Steigt die Kundenanzahl mit der Zeit an, geht es in die Wachstumsphase. In der Wachstumsphase steigt nicht nur die Interessentenzahl an, hier festigt sich allmählich ein Kundenstamm. In dieser Phase wird das Leistungsangebot weiter ausgebaut, das an die Mehrheit der Kundenbedürfnisse angepasst ist. In der Reifephase bildet sich über das jeweilige Fitnessstudio ein konkretes Image, das durch die Mund-zu-Mund- Kommunikation der Kunden beeinflusst wird. In dieser Phase existiert nun ein bestimmter Kundenstamm, der dem Anbieter treu geworden ist. In der Sättigungsphase festigen sich sozusagen die Erfolge aus der Reifephase. Hier besteht die Aufgabe für das Fitnessstudio die Kundenbindung aufrechtzuerhalten sowie zu stärken. In der Sättigungsphase können sich die Fitnessstudios jahrelang aufhalten, solange sie die Wettbewerber mit ihren Leistungsspektren überbieten und auch erforderliche Kundenbedürfnisse befriedigen können. Wird der Anspruch zur Stabilisierung der Kundenbindung nicht mehr ordnungsgemäß und auf Dauer nachgegangen, trifft schließlich die Verfallsphase ein. Hier entspringen z.B. langjährige treue Kunden und wechseln zum Wettbewerber hin.

---

[53] *In Anlehnung an Manfred Bruhn (2012), S.139*

Wird in dieser Phase die Kundenbindung nicht mehr vollständig aufgebaut, führt dies letztendlich zur Schließung des Unternehmens sowie zum endgültigem Marktaustritt.

4. Die Portfolioanalyse

Eine Portfolioanalyse im Dienstleistungsmarketing dient der Positionierung von dienstleistungsbezogenen Analyseobjekten (z.b. Dienstleistungsunternehmen, Dienstleistungsmarken, Kunden usw.) nach internen und externen Erfolgsfaktoren in einer zweidimensionalen Matrix. Hierzu werden zwei Ansätze unterschieden: das Marktanteils-Marktwachstums-Portfolio (BCG-Portfolio) sowie das Wettbewerbsvorteils-Marktattraktivitäts-Portfolio (McKinsey-Portfolio).[54] Im Rahmen dieser Arbeit wird nur das McKinsey-Portfolio aufgeführt. Das Wettbewerbsvorteils-Marktattraktivitäts-Portfolio verwendet bei der Erstellung mehrere Variablen pro Achse. Die Marktattraktivität als externe Variable setzt sich aus vier Faktoren (Marktwachstum, Marktgröße, Marktqualität, Umwelt) zusammen. Die relative Wettbewerbsstärke als interne Variable setzt sich ebenfalls aus vier Kriterien (relative Marktposition, relative Produktpotenzial, Innovationspotenzial, Mitarbeiterqualität) zusammen, die sich wiederum aus zum Teil selbst bestimmten Faktoren zusammensetzen.[55] Nun folgt ein Beispiel eines Kundenportfolios zu Fitnessstudios:

---

[54] Vgl. *Manfred Bruhn* (2012), S.143

[55] Vgl. Dipl.-Kfm. Andreas Bareiß (2014), S.53

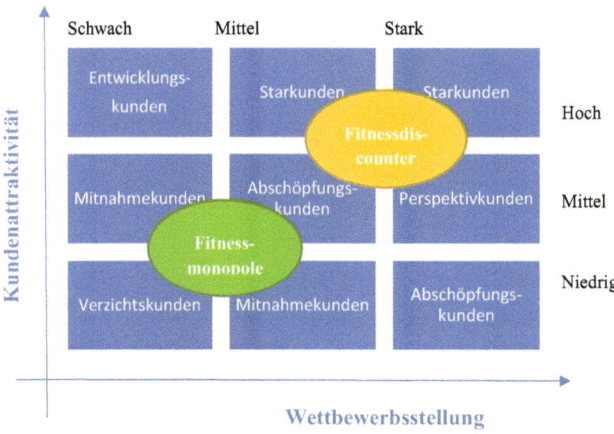

Abbildung 4: Kundenportfolio zu Fitnessstudios

(Quelle: Eigene Darstellung)[56]

Die Abbildung gibt zwei Fitnessstudioformen wieder, die den dementsprechenden Kundenprofilen zugeordnet werden. Fitnessdiscounter besitzen eine hohe Kundenanfrage und eine starke Wettbewerbsstellung. Kostengünstige Fitnessstudios bieten ein umfangreiches Leistungsangebot für ein kleines Budget. Hier besteht eine hohe Konkurrenz, da jedes Discounterfitnessstudio versucht, kostengünstigere Angebote wie der Wettbewerber dem Kunden anzubieten. Derartiges wäre bspw. bei McFit-Fitnessstudios zu sehen. Fitnessmonopole hingegen stellen in der Regel eine gehobenere Fitnessklasse dar. Sie stehen zum einen allein auf dem Markt. Zum anderen bieten sie sonderbare Angebotsleistungen mit dementsprechenden hohen Preisen. Im Vergleich zu den Fitnessdiscountern besitzen sie eine geringere Kundenanfrage. Ein Beispiel wäre hierfür eine Physiotherapiepraxis, die in ihren Räumlichkeiten ein Gesundheitstraining anbietet.

---

[56] In Anlehnung an *Manfred Bruhn* (2012), S.145

2. Operative Marketinginstrumente – Ergänzung

1. Leistungspolitik

Bei der Leistungspolitik geht es darum, die angebotenen Leistungen festzulegen und zu ergänzen.[57] Es wird entschieden, welche Dienstleistungen in welcher Qualität wie am Markt anzubieten sind, um die Unternehmensziele bestmöglich zu erreichen. Hierbei kommt der technisch funktionalen Kundenbindung eine besondere Rolle zu.[58] Im Prozess der Leistungserstellung nimmt der Kunde einen wichtigen Part ein, der nicht nur das „Produkt" formt (hier: Dienstleistungsart), sondern auch die Nachfrage bestimmt. Der Dienstleister kann jedoch den Kunden dazu anregen, zu einer gewünschten Dienstleistung eine weitere zusätzlich zu kaufen.[59] Ein Fitnessunternehmen bietet z.b. zum Trainingsgerätekauf eine zusätzliche Geräteschulung für Trainer an. Da immer wieder neue Geräte auf dem Markt erscheinen, kann der jeweilige Kunde immer wieder zum Kauf bewegt werden, um z.b. auf den aktuellsten Wissenstand zu sein.

2. Preispolitik

In der Preispolitik legt der Dienstleister fest, zu welchen Preisen und Konditionen die Dienstleistungen am Markt angeboten werden.[60] Die Notwendigkeit der permanenten Leistungsfähigkeit führt zu Besonderheiten wie die Bereitstellungskosten zur Aufrechterhaltung der Leistungsbereitschaft sowie die Integration des externen Faktors, das zur Folge zu einer problematischen Preisfestlegung führt.[61] Dieses Phänomen der richtigen Preisfestlegung ist auch in der Fitnessbranche anzutreffen. Discounter-Fitnessstudios verkaufen sich und ihre Dienstleistungen preisgünstiger als Premiumfitnessstudios. Ob die Dienstleistung kundenfreundlich geleistet wird, sei zunächst dahingestellt. Premiumfitnessstudios haben es aufgrund der preiswerteren

---

[57] Vgl. *Helmut Geyer* (2017), S.82
[58] Vgl. *Dipl.-Kfm. Andreas Bareiß* (2014), S.73
[59] Vgl. *Helmut Geyer* (2017), S.87
[60] Vgl. *Dipl.-Kfm. Andreas Bareiß* (2014), S.73
[61] Vgl. *Manfred Bruhn* (2012), S.338-339

Konkurrenz nicht immer einfach, den passenden Preis festzusetzen. Sie müssen sich einerseits anpassen, andererseits wird mit gehobener Qualität geworben, das seinen hohen Preis wert ist.

3. Distributionspolitik

Im Rahmen der Distributionsstrategie ist zu entscheiden, auf welchen Vertriebswegen und durch wen (Absatzmittler) die Dienstleistungen angeboten werden und in welcher Form der externe Faktor zu integrieren ist.[62] Von Bedeutung sind hier vor allem psychologisch-orientierte Zielsetzungen. Hierzu gehören die Bekanntheit und das Image des Absatzkanals, die Zufriedenheit und die Kooperationsbereitschaft.[63] Ein Fitnessstudio existiert z.B. seit über 10 Jahren. Den Bekanntheitsgrad sowie das entstandene Image hat es sich durch Werbung im Internet, Beiträge in Social-Media-Plattformen wie Facebook und durch die Mund-zu-Mund-Kommunikation der Kunden aufgebaut. In den 10 Jahren ist das Fitnessstudio zahlreiche Kooperationen eingegangen, wodurch attraktive Angebote für Kunden entstanden sind. Würde das Fitnessstudio dauerhaft schlechte Kundenbewertungen erhalten, würde sich dies ebenso auf die Kooperationspartner legen, ebenso umgekehrt. Ein weiteres Beispiel wäre ein Fitnesstrainer, der die Kunden schlecht bzw. mangelhaft betreut, indem er ausschließlich an der Theke sitzt und sich für die Übungsausführung der Kunden wenig interessiert. Er ist nicht nur für die allgemeine Kundenunzufriedenheit verantwortlich, sondern auch für die Imageverschlechterung des Fitnessstudios.

4. Personalpolitik

Bei der Personalpolitik besteht die Herausforderung des Unternehmens darin, die vom Kunden gewünschte Verhaltensweise im Einklang mit den Mitarbeiterinteressen zu realisieren. Der Kundenbindungserfolg ist immer dann besonders hoch, wenn die Kunden eine persönliche Beziehung zu den Kundenkontaktmitarbeitern aufgebaut

---

[62] Vgl. *Dipl.-Kfm. Andreas Bareiß* (2014), S.111
[63] Vgl. *Manfred Bruhn* (2012), S.376-377

haben. [64] In dieser Konstellation sind einige Besonderheiten zu berücksichtigen. Hier sollte die Mitarbeiterzufriedenheit mit der Kundenzufriedenheit parallel zueinander verfolgt werden, wobei der Mitarbeiter zudem die Unternehmensqualität vermitteln sollte. Ein Beispiel: In einem Fitnessstudio wechselt sich in regelmäßigen Abständen das Fachpersonal aufgrund der Unzufriedenheit mit den Arbeitsbedingungen. Der ständige Mitarbeiterwechsel führt nun auch bei den Kunden zu Unzufriedenheit, da sie sich nicht nur ständig an neue Gesichter gewöhnen, sondern immer wieder von neuem Vertrauen zu den neuen Mitarbeitern aufbauen müssen. Würde das Fitnessstudio den Mitarbeitern zufriedenstellende Arbeitsbedingungen schaffen, würde weniger ein Personalwechsel stattfinden und die Kunden hätten die Chance eine positive Bindung aufzubauen. Was wiederum zu einer vermehrten Kundenzufriedenheit führen würde.

---

[64] Vgl. *Dipl.-Kfm. Andreas Bareiß* (2014), S.121

LITERATURVERZEICHNIS

- **Bücher/Zeitschriften:**

Bittner-Fesseler, A., & Häfelinger, M. (2018). *Kommunikation für junge Unternehmen.* Wiesbaden: Springer Gabler.

Dipl.-Kfm. Andreas Bareiß, P. D. (2014). *Studienbrief Dienstleistungsmarketing Titel Nr. 0648-01* (Bd. 1. Auflage). Riedlingen: SRH Fernhochschule Riedlingen.

Döring, S. (2017). *Personalmanagement aus Perspektive der Dienstleistungsforschung.* Neubiberg: Springer Gabler.

Dr. Matthias Nöllke, P. D. (2015). *Praxiswissen Management.* Freiburg: Haufe.

Frank Daumann, R. H. (2012). Sciamus - Sport und Management. *Strategisches Management für Fitnessstudios.*

Heinze, R., Römmelt, B., & Daumann, P. D. (2011). Ausgewählte Managementprobleme in Fitnessstudios. *Sciamus.*

Helmut Geyer, L. E. (2017). *Crashkurs Marketing* (Bd. 4. Auflage). Freiburg: Haufe .

Hempel, A. (2010). *Kosumethik und Premiumsegment* (Bd. 76). (M. Zerres, Hrsg.) München, Mering: Rainer Hampp Verlag.

Manfred Bruhn, H. M. (2012). *Handbuch Dienstleistungsmarketing.* Wiesbaden: Springer Gabler.

Patrick Schlenz, I. M. (2005). *Marketing für Fitness- und Freizeitanlagen.* Karlsruhe: Health and Beauty.

Prof. Dr. Joachim Merk, M. S. (2014). *Dienstleistungsmanagement Titel-Nr. 0650- 04.* Riedlingen: SRH Fernhochschule.

Sawtschenko, P. (2012). *30 Minuten Positionierung* (Bd. 3. Auflage). Offenbach: GABAL.

- **Statistiken:**

Deloitte. (kein Datum). *Anzahl der Nutzer von Online-Fitnessstudios in Deutschland in den Jahren 2015 und 2016 (Stand: Ende des Jahres).* Abgerufen am 14. April 2019 von In Statista - Das Statistik-Portal: https://de.statista.com/statistik/daten/studie/416659/umfrage/nutzer-von-online-fitnessanbietern-in-deutschland/

DSSV, & Deloitte. (kein Datum). *Mitgliederzahl der Fitnessstudios in Deutschland von 2003 bis 2018 (in Millionen).* Abgerufen am 14. April 2019 von In Statista - Das Statistik-Portal: https://de.statista.com/statistik/daten/studie/5966/umfrage/mitglieder-der-deutschen-fitnessclubs/

Statista. (2016). *Welche der folgenden Fitnessstudios kennen Sie, wenn auch nur dem Namen nach?* Abgerufen am 20. April 2019 von Statista - Das Statistik-Portal: https://de.statista.com/statistik/daten/studie/596899/umfrage/bekanntheit-von-fitnessstudio-betreibern-in-deutschland/.

- **Onlinequellen:**

marconomy.de. (28. 12 2018). *Wie richtige B2B-Betreuung Kundenzufriedenheit optimiert.* Abgerufen am 28. März 2019 von https://www.wiso-net.de: https://www.wiso-net.de/document/MARC__45666858

Popp, M. C. (4. Juli 2018). *Führung im Dienstleistungskontext.* Abgerufen am 09. Februar 2019 von https://www.wiso-net.de: http://opus.uni-hohenheim.de/volltexte/2018/1513/pdf/Fuehrung_im_DLkontext_Popp.pdf

Univ.-Prof. Dr. Seidenberg, U. (2013). *Ein erweitertes Modell der Kundenintegration.* Abgerufen am 21. März 2019 von https://www.researchgate.net: https://www.researchgate.net/publication/255648564_Ein_erweitertes_Modell_der_Kundenintegration